AGRÉGATION

DES FACULTÉS DE DROIT

SECTION DE DROIT PUBLIC

COMPOSITION

DE DROIT CONSTITUTIONNEL

FAITE EN 7 HEURES

Le 8 Octobre 1901

PAR

Joseph DELPECH

LAURÉAT DE LA FACULTÉ DE DROIT DE TOULOUSE (*licence et concours des thèses*)
ET DE L'ACADÉMIE DE LÉGISLATION DE TOULOUSE (*Concours des lauréats universitaires, 1897*)
CHARGÉ DE CONFÉRENCES A LA FACULTÉ DE DROIT DE PARIS
(*Principes du droit public et Éléments de droit constitutionnel*)

————— ∞◆∞ —————

PARIS

LIBRAIRIE DE LA SOCIÉTÉ DU RECUEIL Gal DES LOIS ET DES ARRÊTS

FONDÉ PAR J.-B. SIREY, ET DU JOURNAL DU PALAIS
Ancienne Maison L. LAROSE & FORCEL
22, *rue Soufflot, 5e Arrond.*
L. LAROSE, Directeur de la Librairie

—

1901

Le Président de la République française est-il un « représentant » d'après les lois constitutionnelles de 1875 ?

Le régime du gouvernement direct des peuples étant reconnu dans les États modernes, du moins dans les grands États, d'une application pratique difficilement concevable, les constitutions ont adopté généralement le régime représentatif : l'exercice de la puissance publique y est assuré par des organes chargés de dégager la volonté commune et de mettre en œuvre la souveraineté nationale. Ce qui implique la réalisation d'une tâche double : un travail de législation d'abord, un office d'exécution ensuite. Faire des lois et gouverner, telle est, en effet, la mission de ces organes, dont le caractère est représentatif, tout autant que, constitués au nom de la nation, ils sont chargés de vouloir pour son compte et jouissent, sous leur responsabilité, d'une liberté d'action et d'une indépendance d'activité, qui trouvent des limites simplement dans l'autorité de la loi constitutionnelle. En quoi, ils se distinguent des simples

« commis », dont l'initiative est nulle, la responsabilité absente, la condition toujours précaire et sujette à des révocations arbitraires de la part du mandant, ainsi que Rousseau l'avait déjà démontré dans son *Contrat social* et que Barnave et Rœderer le répétaient à l'Assemblée constituante. [« Dans l'ordre et les limites des fonctions constitutionnelles, disait Barnave, ce qui distingue le représentant de celui qui n'est que simple fonctionnaire public, c'est qu'il est chargé, dans certains cas, de vouloir pour la nation, tandis que le simple fonctionnaire public n'est jamais chargé que d'agir pour elle. » — « L'essence de la représentation, disait à son tour Rœderer, est que chaque individu représenté vive, délibère, dans son représentant, qu'il ait confondu par une confiance libre sa volonté individuelle dans la volonté de celui-ci [1]. »]

Les assemblées législatives des constitutions modernes ont ce caractère représentatif, tout au moins celles qui procèdent de l'élection et qui, retournant périodiquement devant le corps électoral, donnent une expression, plus ou moins exacte, mais toujours réelle suivant les heures, de l'état légal et de l'opinion du pays. L'élection est pour elles une approbation de l'œuvre accomplie au cours de la législature, une recherche et une application de cette responsabilité qui, pesant sur chacun des organes de la souveraineté nationale, est l'une des plus précieuses garanties de la liberté moderne. — Ce qui est vrai ainsi du pouvoir législatif l'est ordinairement du pouvoir exécutif, encore que sur ce point il faille tenir compte du mode suivant lequel ledit pouvoir aura été organisé, du sens et de la portée qui, par les constitutions, auront été donnés à l'un quelconque de ces deux principes : souveraineté nationale ou séparation des pouvoirs. Il est en effet, de ce chef, deux conceptions extrêmes aboutissant à deux types bien différenciés de régime politique : gouverne-

---

[1] Les deux phrases entre [] sont ajoutées au manuscrit original.

ment conventionnel, d'une part ; gouvernement dictatorial ou présidentiel, d'autre part, l'un et l'autre étant susceptibles d'entraîner des conséquences anarchiques.

Avec l'un, le caractère représentatif du pouvoir exécutif disparaît, par la mainmise que sur lui exerce l'assemblée : c'est la dictature exercée par un corps tyrannique, tel qu'a pu l'être, par exemple, en France, la Convention nationale, avec le régime de ses comités et de ses commissions, en dépit de sa volonté primordiale d'observer le principe de la séparation des pouvoirs. — Avec l'autre, au contraire, le caractère représentatif existe aussi grand qu'il peut l'être ; l'indépendance, établie et maintenue entre chacun des organes de la souveraineté nationale, est alors poussée à l'extrême. Dans ce régime, l'action du chef de l'exécutif, que celui-ci tire directement ou médiatement son pouvoir du suffrage populaire, ne se trouve bornée que par le principe de sa responsabilité devant le corps électoral ; car c'est l'idée maîtresse en ce domaine que l'action n'est possible et effective que dans la mesure même où existe la responsabilité des actes, accomplis en vertu d'un pouvoir de décision propre [et non déterminés à l'avance par des règles légales ou des instructions obligatoires [1]]. Les circonstances peuvent faire même que sa puissance soit supérieure à celle de l'assemblée législative : l'expérience l'a démontré au cours des deux années qui ont précédé le coup d'État de 1851 et l'établissement du second Empire. En tout cas, son autorité est comme son action : égale à celle du peuple, indépendante des entraves que, dans le mécanisme du régime parlementaire, suscitent généralement le contrôle du Parlement et la nécessité pour le chef du pouvoir exécutif de procéder d'accord avec un cabinet responsable : il [préside et [2]] gouverne avec le secours d'hommes choisis par lui, dirigés arbitrairement suivant ses vues,

(1) *Mots ajoutés.*
(2) *Mots ajoutés.*

révocables à sa guise et sur de simples désaccords personnels, assimilables à des chefs de grands services publics. Il n'y a point théoriquement de pénétration et d'action coordonnée des deux pouvoirs exécutif et législatif : chacun a sa sphère d'action bien déterminée et nul ne peut commettre d'empiètement sur l'autre; les assemblées n'ont point enfin, auprès du chef de l'État pour les représenter et les guider, des membres sortis de ses rangs et précisément ceux-là mêmes qui y étaient les « leaders » et les chefs des partis.

C'était, là, un régime d'absorption du pouvoir exécutif par le législatif ; c'est, ici, un système inverse de prédominance de l'exécutif sur le législatif. L'un et l'autre ont, dans la réalité des faits, en Europe, amené des résultats souvent mauvais, provoqué de graves abus, que les constituants ont pensé conjurer par la consécration d'un troisième système, dit régime parlementaire, et [par] la généralisation du gouvernement de cabinet tel qu'il s'était développé en Angleterre, caractérisé par un équilibre de forces, un jeu de freins et de contrepoids. Les pouvoirs y ont incontestablement le caractère représentatif comme institués au nom du peuple et agissant au nom et pour le compte de la souveraineté nationale; mais leur action doit être concordante et leur œuvre respective soumise à un contrôle incessant, quoique différemment organisé : la liberté d'action de chacun y est tempérée par un ensemble de règles, écrites ou coutumières, dont les premières et les plus importantes sont relatives à l'organisation d'un conseil de ministres et au fonctionnement d'un cabinet homogène, ayant une action propre et collective sur la direction du gouvernement, délégué auprès du chef de l'État par les Chambres, et solidairement responsable devant celles-ci de la politique qu'il suit au nom du pouvoir exécutif, tandis que le chef de l'Etat est irresponsable. C'est un régime de cette nature qui a été organisé par les lois constitutionnelles de 1875.

Aussi bien il y a lieu de rechercher la condition qui est désor-

mais celle du Président de la République. [La nature] [1] des attributions qui lui ont été reconnues et la somme de pouvoirs qui lui a
été abandonnée sont-elles de nature à lui conférer dans toute son in-
tégrité le caractère d'un représentant, autorisé à avoir une politique
personnelle, et suffisamment fort pour la faire prévaloir? — S'il n'en
est point ainsi et si, par hasard, comme il est vrai, les fictions et les
conventions constitutionnelles, les traditions politiques, les conditions
de la vie parlementaire et les tendances des chambres législatives
sont telles que le Président de la République, « représentant » d'a-
près la lettre de la Constitution, ne le soit point, ou ne le soit que
très imparfaitement dans la réalité des [faits], quelle est donc la
raison de cet état de choses, et comment surtout pourra-t-il, le cas
échéant, être remédié à cette situation, sans aucun doute désavanta-
geuse à la politique du pays? C'est ce double point qui va être exa-
miné dans ce travail.

I

L'Assemblée nationale, qui devait avant de se séparer faire les
lois constitutionnelles de 1875, eût pu régler l'organisation du pouvoir exécutif d'après l'un des deux types, bien connus d'elle, — dont
l'un, dans un pays de régime parlementaire, fait du roi d'Angleterre
un souverain dépouillé presque de toutes les prérogatives utiles au
gouvernement, soutenu seulement par le respect de son peuple et le
prestige traditionnel de la monarchie, — et dont l'autre, basé tout à
l'inverse sur le principe d'une séparation stricte des pouvoirs, confère
au Président de la République des États-Unis un pouvoir, limité, à
vrai dire, par la forme fédérative de l'État et l'obligation de prendre

(1) *Mots ajoutés.*

en certains cas l'avis du Sénat, mais au fond suffisamment étendu pour permettre à cet élu de la nation d'être toujours chef de l'exécutif et même d'être, en certaines circonstances de crises, comme un dictateur. L'Assemblée ne songea pas du tout à ce dernier système; elle avait encore trop présent le souvenir de l'activité politique de M. Thiers pour tenter de compromettre, par l'adoption d'un pareil régime, l'éventualité, à laquelle elle ne pouvait renoncer [et que n'entraverait pas le maréchal de Mac-Mahon] [1], d'une restauration monarchique. Et cependant elle ne pouvait non plus introduire en France un système où le Président de la République eût perdu certaines prérogatives, dont avait [2] joui le chef de l'État sous les régimes antérieurs au cours desquels avait fonctionné le régime parlementaire : ainsi elle ne pouvait notamment lui interdire le droit de présider le Conseil des ministres ou la faculté d'entrer directement en relations avec les envoyés des puissances étrangères, et le maréchal de Mac-Mahon n'eût certainement point souffert d'être privé du droit de commander la force armée.

Elle se livra dès lors [3] à une combinaison de pouvoirs au profit du chef de l'exécutif telle qu'à première vue, [faute de pouvoir l'envisager comme le « chef-roi, sauf le nom et la durée », dont avait parlé le duc de Broglie [4]], l'on croirait au moins le Président de la République armé pour faire prévaloir, ou tout au moins pour exercer sur la politique générale, intérieure ou extérieure du pays, des vues personnelles; qu'on le croirait en mesure de remplir, d'une manière efficace, son rôle de représentant de la nation, et particulièrement, par son autorité morale, ses conseils et son action, cette mission d'arbitre souverain entre les partis qui est proprement la sienne et

(1) *Mots ajoutés.*
(2) Le manuscrit porte ici le mot « antérieurement ».
(3) Le manuscrit porte ici le mot « donc ».
(4) *Mots ajoutés.*

qu'avaient réclamée pour lui ceux qui sont les auteurs littéraires et les préparateurs médiats de la présente Constitution. L'énumération de ces pouvoirs, à la suivre dans l'une quelconque des lois constitutionnelles, semble suffisamment longue et l'on dirait aisément d'une magistrature puissante. Par ailleurs, il y a quelques années, en 1895, un président du Conseil des ministres, dans un discours prononcé à Bordeaux, au cours d'un voyage présidentiel, félicitait le chef de l'exécutif de l'action poursuivie par celui-ci, de la direction qu'il savait tenir aux réunions du cabinet ou encore de l'impulsion qu'il ne manquait pas de donner aux grands comités techniques intéressant la défense nationale. L'éloge, — et il était pour une très grande part mérité, — laisserait supposer que, même ne jouissant pas de la responsabilité qui est proprement la caractéristique du pouvoir réel et qui donne la mesure de la liberté d'un « représentant », le Président de la République peut actuellement exercer une action prépondérante ou décisive dans les affaires de la nation. Mais l'histoire parlementaire de la troisième République est là qui paraît apporter une contradiction énergique à cette manière de voir : sans qu'il soit besoin de rappeler en détails l'œuvre spéciale de chacun de ceux qui se sont succédé à la tête de l'État, il n'est pas inutile peut-être de mentionner, par exemple, comment l'action personnelle de M. le président Grévy a été de tendance plutôt négative et n'a perdu peut-être nettement ce caractère que dans le règlement de l'affaire Schœnebelé avec l'Allemagne. Sauf erreur, il semble qu'un seul président ait eu le dessein de continuer, après son élévation à ce poste, la poursuite de la politique qui avait été celle de sa vie de parlementaire ou de membre de cabinets; mais à cette œuvre M. Casimir-Périer s'est brisé [1]. La faute n'en est point évidemment aux hommes;

[1] On ne saurait cependant oublier ce fait que sur six présidents trois ont été obligés de se retirer devant un vote exprès du Parlement, ou son hostilité évidente quoique non traduite en des résolutions formelles (*Note ajoutée*).
J. DELPECH.

elle en est plutôt au mécanisme constitutionnel, aux traditions politiques et aux mœurs parlementaires.

A examiner tout d'abord le mécanisme constitutionnel, on ne peut manquer d'être frappé par toutes les entraves, nécessaires peut-être dans une certaine mesure, en tout cas non ménagées et multipliées qui sont apportées à l'action du chef de l'État, qu'il s'agisse de l'entretien des relations diplomatiques avec les puissances étrangères, de l'œuvre gouvernementale proprement dite ou de ses prérogatives par rapport aux Chambres et à leurs travaux.

C'est, théoriquement au moins et dans la lettre de la Constitution, le contrôle poussé jusqu'à ses dernières limites, quelque dommage qu'il en puisse éventuellement résulter pour la poursuite discrète et utile de négociations particulièrement intéressantes au point de vue des destinées internationales du pays. Ce n'est, en effet, que très exceptionnellement que les droits [de l'exécutif] sont étendus par l'effet d'une délégation, en soi improbable et peut-être aussi impossible, du pouvoir législatif à lui faite, ou plus exactement par celui d'une disposition de loi conditionnelle; nous faisons ici allusion à la faculté de concession du tarif douanier minimum qui est intervenue dans la loi [du 29 décembre 1891] [1] au profit du gouvernement. — C'est, d'autre part, depuis M. Thiers, la tradition bien établie qui éloigne le Président de la République de la tribune et des discussions des Chambres. — C'est enfin et surtout l'importance extrême qui est donnée à la règle du sous-seing ministériel, exigé pour tous les actes quelconques par lesquels s'affirme le pouvoir exécutif, et le développement de plus en plus grand de la responsabilité ministérielle, dans laquelle M. Laboulaye voyait la définition et l'essence d'une république parlementaire, responsabilité en principe solidaire et exceptionnellement personnelle pour tous les actes ou omissions,

(1) Le manuscrit porte « de 1895 ».

faits ou négligences du Président de la République. Tous les actes
de celui-ci doivent, en effet, suivant une juste remarque, être acceptés
et peuvent être décidés par les ministres responsables, [à qui le chef
de l'exécutif doit par suite laisser l'impulsion et la direction gouvernementale, tandis que, par ailleurs, c'est la majorité des Chambres
qui lui dicte le choix de ses ministres et qui, plus nettement encore,
en prononce la chute] [1]. C'est là, on ne peut le nier, une indiscutable conséquence du régime parlementaire adopté en 1875 ; mais l'on
ne saurait nier davantage que le Président de la République et les
ministres composant le cabinet étant tous, en droit, des « représentants », le caractère représentatif se perd, en fait, pour l'un, cependant qu'il se développe pour les autres : l'un se trouve avec son
origine populaire médiate et son irresponsabilité de plus en plus traité
comme ces monarques héréditaires à l'égard desquels on ne con-
çoit pas sans peine et sans trouble public l'exercice d'un contrôle
populaire ou parlementaire ; les autres bénéficient de plus en plus
d'un avantage contraire, tandis que les assemblées poussent sans
cesse plus avant leur immixtion dans le domaine de l'exécutif, et sont
mues par cette tendance inquisitoriale et absorbante qui, à en croire
une opinion récente, les pousse, même dans les pays de régime
présidentiel [États-Unis], à substituer toujours plus à ce système les
pratiques conventionnelles occultes et tyranniques.

Par ailleurs les traditions politiques ne sont guère plus favorables
à l'accomplissement plein et entier de la mission de représentant,
théoriquement incontestable chez le Président de la République fran-
çaise, quoique peut-être — surtout à cause de son mode d'élection par
le Congrès [préféré par les constituants de 1875 à l'élection directe par
crainte des abus éventuels des pouvoirs concédés, — elle le soit] [2],
à un degré moins affirmé que chez son collègue des États-Unis.

(1) *Phrase ajoutée.*
(2) *Mots ajoutés.*

Au Conseil des ministres son action trouverait à n'en point douter les occasions les plus favorables et aussi les plus nombreuses de s'exercer ; néanmoins, elle est plus ou moins paralysée par le souci de ne point [se] trouver en contradiction immédiate avec les membres de son cabinet qui sont les « leaders » reconnus des assemblées et qu'il y a pris ou dû prendre, pour les faire entrer dans le ministère, sous l'empire de cette considération plus encore peut-être que par préférence personnelle. Or la contradiction avec eux impliquerait presque fatalement la contradiction avec le Corps législatif, dès que celui-ci serait averti des projets du Président déjà combattus par ceux qu'[il] a délégués auprès de lui.

C'est là une observation d'une portée générale. Pareille remarque peut être fournie, à l'occasion de telle ou telle prérogative, apparemment importante et qui, d'après la lettre de la Constitution, appartient au Président de la République : par exemple, droit de demander une nouvelle délibération d'une loi non urgente votée par les Chambres, faculté de procéder à la dissolution d'une Chambre des députés rebelle à telle ou telle mesure estimée nécessaire par lui ou encore d'une Chambre par lui jugée peu en harmonie avec l'opinion générale du pays. — La première prérogative, peu dangereuse et subversive puisque son effort n'est point de subordonner toujours l'existence de la loi à l'intervention du pouvoir exécutif et de faire de celui-ci une branche de la législature, pourrait au contraire produire en France, à l'encontre d'une initiative parlementaire débordante, les résultats heureux donnés aux États-Unis par le « refus qualifié ». Mais ce qu'en ce pays fait le *veto*, suivant une procédure qu'il eût été possible sans peine de reproduire dans les lois constitutionnelles ou les règlements des assemblées françaises, ne peut être obtenu chez nous où l'action du Président est subordonnée en fait à l'agrément d'un ministère responsable absolument dépendant des Chambres quoique non élu en forme par elles. En effet, si la mesure est passée aux

Chambres, c'est que le ministère l'y a soutenue ou a jugé opportun de ne point la combattre ; s'y opposer après coup, ce serait [de sa part] heurter hors de propos l'opinion des Chambres et les pousser peut-être, pour se défendre, à lancer contre lui un vote de défiance ou de blâme, dont lui seul serait atteint et non le Président de la République, la responsabilité de celui-ci limitée au cas de « haute trahison » étant si exceptionnelle qu'on la peut déclarer inexistante. — Ainsi, faute de pouvoir obtenir l'agrément de ses ministres ou de l'un d'eux, le chef du pouvoir exécutif voit paralysé entre ses mains l'un des droits, dont le pays lui serait peut-être parfois reconnaissant d'user. — De même, faute de pouvoir obtenir l'assentiment constitutionnellement requis du Sénat de plus en plus rapproché du corps électoral, il ne peut par une dissolution (on ne saurait guère faire état de « l'expérience-coup d'État » de 1877), renvoyer devant le pays une Chambre qui résiste à sa direction, et repousse ce qu'il croit être son devoir de représentant ou le désir de la nation. L'appel au peuple, qui sanctionnerait le principe de la souveraineté nationale loin de le contrarier, et respecterait celui de la séparation des pouvoirs loin de le heurter, lui est interdit par les conditions constitutionnelles de son exercice et les habitudes parlementaires. — Enfin la faculté juridiquement indiscutable pour lui d' [employer la voie] (1) du message aux Chambres ou à la nation est de même à un tel point en dehors des usages qu'il semblerait, à l'heure présente, un peu hasardé d'y voir un moyen par lequel s'exercerait utilement le pouvoir personnel du Président ; plus encore qu'aux États-Unis, ce serait un « coup de fusil en l'air ».

Au demeurant, qu'il s'agisse de l'une quelconque des facultés ou des attributions du chef de l'État, il faut ajouter aux causes [d'arrêt] ci-dessus indiquées la gêne que tout président, — pour faire triompher

(1) *Mots ajoutés.*

telle ou telle vue personnelle et jouer proprement le rôle de représentant qui est le sien dans l'esprit de la Constitution de 1875, comme
il était celui du roi [dans la lettre des lois de 1791], — rencontrera dans
l'existence de la responsabilité ministérielle, opposée à sa propre
irresponsabilité politique. Sous l'empire de constitutions antérieures,
notamment sous celle de la seconde République, la responsabilité
conjointe du Président de la République et de ceux qui composaient
son cabinet avait cet effet de faire absorber la seconde par la première ; actuellement, et à l'inverse, l'initiative du Président de la
République est annihilée, faute pour lui de pouvoir rechercher du
pays, directement ou par l'intermédiaire de la représentation nationale, l'approbation ou la condamnation de tel ou tel acte accompli
au nom du peuple : on n'a pas suivi en 1875 ceux des théoriciens
parlementaires, partisans du gouvernement de cabinet, [Prévost-
Paradol et duc de Broglie] [1] qui montraient dans la pleine responsabilité du chef de l'exécutif le secret des politiques fortes, personnelles et indépendantes. On ne peut songer, en effet, à considérer
comme des sanctions bien sérieuses, tout au moins bien pratiques,
et comme des garanties efficaces, la possibilité, extraordinairement
prévue par la dernière de nos lois constitutionnelles, d'une mise en
accusation dirigée contre le Président de la République et d'une dé-
chéance politique qui, suivant la règle américaine, interviendrait
après cet *impeachment*. — Il en va de même du danger pour le Président de sa non-réélection à l'expiration de ses pouvoirs : encore
que l'effet de cette menace puisse être en France plus grave qu'aux
États-Unis (puisqu'il n'y existe pas la tradition d'une durée de pouvoirs
limitée à deux présidences), les raisons par lesquelles Bryce montre
l'inanité de cette sanction pourraient aisément être ici reproduites.

Ainsi il semble que les lois constitutionnelles n'aient pas pleine-

(1) *Mots ajoutés.*

ment réalisé leur but, [tout au moins que les événements aient contrarié
le développement régulier de leur œuvre] [1]. Les constituants ont
maintes fois manifesté, au cours de leurs travaux, le dessein d'orga-
niser un régime plus provisoire que définitif et de rendre suffisamment aisée, le cas échéant, une restauration monarchique. Par contre,
ils n'ont jamais manifesté le dessein de dépouiller le pouvoir exécutif
des prérogatives qui normalement doivent lui revenir et de le mettre
à la discrétion des assemblées qui l'élisent : ils ne sont point évidemment de ces constituants qui craignent par dessus tout les empiéte-
ments de l'exécutif sur le législatif et qui ont par suite souci d'armer
très fortement ce dernier pouvoir; leur idée a été indiscutablement
de ménager entre les pouvoirs un équilibre de forces et de permettre
à tous deux l'œuvre propre aux représentants. En fait, les événements
n'ont pas donné à leurs vues une entière réalisation : le gouvernement républicain a actuellement une durée plus longue que celle des
précédents régimes constitutionnels. Par ailleurs, la forme parlementaire du régime n'a subi d'autres atteintes que celles qui sont
fatales avec un pareil mode de gouvernement. Les Chambres législatives tendent de plus en plus à empiéter sur ce qui échapperait
plutôt à leur compétence pour ressortir à celle du pouvoir exécutif :
par l'exercice, [poursuivi] d'une manière toujours plus jalouse, du
« pouvoir de la bourse » et par la pratique, toujours plus complète,
d'un contrôle incessant sur chacun des actes du ministère, elles ont
développé leur rôle et même transformé le système de leurs sessions
périodiques : elles sont presque devenues permanentes, c'est presque
le régime conventionnel. L'impulsion paraît, du reste, actuellement
si décidée qu'il n'y a guère lieu de s'attendre à un retour en arrière ;
aussi bien, il y a lieu de se demander si le rouage très important
représenté dans le mécanisme constitutionnel par la Présidence de

(1) *Mots ajoutés.*

la République ne pourrait faire l'objet de quelques modifications, et son caractère représentatif revivifié ou même sauvé.

II

Des propositions de suppression de la présidence ont été faites auprès des Chambres, sinon, d'une manière principale et directe, du moins par voie d'amendement au budget, au cours de discussions sur le vote de l'allocation traditionnelle à son titulaire. Elles n'ont point heureusement sans doute chance d'aboutir ; il en est peut-être différemment d'un mouvement révisionniste, de date plus récente, au Parlement, dans la presse et au sein du Congrès [propositions Naquet et Goblet ; articles ou lectures de Marcère et Charles Benoist], qui tendrait à restaurer l'institution, sauf certaines améliorations en particulier à lui donner plus de vitalité et à accentuer son caractère représentatif par le développement du principe de responsabilité. C'est là une tendance qui se peut réclamer de ce principe, déjà exprimé ci-dessus, que l'efficacité des pouvoirs dépend de leur origine et de la responsabilité avec laquelle ils sont exercés : qui est responsable peut être puissant ; qui se sent puissant veut agir ; qui peut agir admet volontiers la responsabilité de ses actes, tandis qu'il est impatient de souffrir celle d'autrui. L'application de ces maximes de politique courante pourrait peut-être avec quelque utilité être faite au Président de la République. Par son élection même telle qu'elle est pratiquée [c'est-à-dire sous la forme d'une collation de pouvoirs faite par le Congrès au nom de la souveraineté nationale, et non point en la forme d'une subdélégation consentie par les assemblées du pouvoir qu'elles tiennent elles-mêmes du peuple][1], il a

(1) *Mots ajoutés.*

le caractère de représentant; par la manière dont il exerce ses pouvoirs, il paraît l'avoir peu et la tradition parlementaire, telle qu'elle s'établit de plus en plus, ne paraît pas devoir changer cet état de choses. Judicieusement peut-être, pour ne pas retomber dans les inconvénients ou les désastres du gouvernement conventionnel, on est autorisé à ne pas songer à la consécration du système qu'en 1848 préconisait M. Grévy, auquel il était réservé par le sort de devenir le premier magistrat d'une république organisée d'après un tout autre type et qui faisait preuve, d'ailleurs, dans cet amendement fameux de moins d'ingéniosité d'esprit que de clairvoyance quant au régime pratiqué au moment où il parlait : ce que proposait M. Grévy, [ce à quoi se ralliaient alors « tous ceux qui, combattant une république forte et indépendante, ne proposaient point cependant un nouveau Directoire »] (¹) et ce qui était, en octobre 1848, réalisé [en somme] par le gouvernement du général Cavaignac, c'était le système d'un chef du pouvoir exécutif, choisi par l'Assemblée, portant le titre de président du Conseil des ministres, élu pour un temps déterminé, toujours révocable, autorisé à nommer et à révoquer les ministres. Ce qu'a produit ce système n'est point fait pour en faire désirer la restauration.

Mais, sans trop de témérité peut-être, l'on serait autorisé à se demander si le système consacré par la Constitution de 1848 et faussé au cours des années suivantes par le prince Louis-Napoléon ne pourrait, après redressement préalable des erreurs démontrées par l'expérience, fournir d'assez heureux résultats pour le fonctionnement d'un régime politique. — En 1848, l'Assemblée, induite parfois en confusion par l'esprit métaphysique, avait juxtaposé l'élection au suffrage universel des deux pouvoirs exécutif et législatif, tout en négligeant de placer la nomination de l'un et de l'autre à de telles

(¹) *Mots ajoutés.*

dates que l'un ne pût invoquer à l'encontre de l'autre le bénéfice d'une élection plus récente et réclamer à son profit l'avantage d'une meilleure harmonie avec le sentiment national. Elle avait également juxtaposé les deux responsabilités du Président de la République et de son cabinet, tout comme si elle ne prévoyait pas entre l'une et l'autre le principe d'une antinomie certaine. Et, illusionnée sur la valeur des textes, elle avait cru prévenir le danger des coups d'État par des dispositions sur la haute trahison du Président de la République et par l'obligation mise à la charge de celui-ci de prêter serment ; peu clairvoyante, d'autre part, sur l'efficacité des garanties qu'elle recherchait contre l'œuvre trop personnelle ou envahissante du chef de l'exécutif, elle avait mis à côté de lui un vice-président et un Conseil d'État, ne voyant pas, d'une part, que l'un était peu puissant et au moins aussi favorable au président qui l'avait présenté à l'Assemblée qu'à l'Assemblée qui l'avait élu ; n'apercevant pas, d'autre part, qu'il était absolument insuffisant de conférer au Conseil d'État des attributions simplement consultatives. En fait, l'Assemblée, poussée, sans le voir, par Napoléon, dans une voie de réaction devint impopulaire toujours davantage ; cependant le prince-président, servi par des écrits antérieurs, l'habileté de son entourage et l'éclat de son nom, faisait faire à la France l'expérience du gouvernement dictatorial d'abord, et de l'Empire ensuite, tandis que, fort de son origine élective, et, habile à jouer de sa responsabilité devant le peuple, il dominait et annihilait l'Assemblée.

L'exemple ne serait point évidemment bon à suivre, s'il devait être repris avec les mêmes errements, notamment sur la question de responsabilité. S'agissant de celle-ci, il ne pourrait bien évidemment être question d'édicter, à l'heure actuelle, contre le Président de la République une responsabilité dont la mise en jeu par trop fréquente emmènerait l'instabilité du régime parlementaire et la fragilité de la présidence elle-même. Mais le remède serait peut-être de consacrer législativement le système que [rappelle de Tocqueville dans ses Souvenirs et que] [1], devant l'Assemblée de 1848, discutant, en janvier 1851, après la révocation arbitraire du général Changarnier, une proposition de mise en accusation du président, soutenait l'un de ses membres, M. de Goulard : tout en maintenant le régime parlementaire, il faudrait faire une distribution de la responsabilité entre le président et ses ministres : imposer à l'un la responsabilité de tous les actes qui apparaîtraient doués d'un caractère gouvernemental au sens le plus élevé du mot ; laisser à la charge des seconds la responsabilité de tous les autres actes de la vie politique courante. Dans les conditions actuelles [il n'en est point ainsi.]...

Tempus defuit.

(1) *Mots ajoutés.*

BAR-LE-DUC. — IMPRIMERIE CONTANT-LAGUERRE.

www.ingramcontent.com/pod-product-compliance
Lightning Source LLC
Chambersburg PA
CBHW050433210326
41520CB00019B/5915